Ser buenos ciudadanos

¡Así somos!

Un libro sobre el civismo

por Mary Small   ilustrado por Stacey Previn   Traducción: Patricia Abello

PICTURE WINDOW BOOKS
Minneapolis, Minnesota

Agradecemos a nuestras asesoras por su pericia,
investigación y asesoramiento:

Bambi L. Wagner, Directora de Educación
Institute for Character Development, Des Moines, Iowa
Miembro del Comité Académico Nacional/Capacitadora
Josephson Institute of Ethics - CHARACTER COUNTS!℠
Los Angeles, California

Susan Kesselring, M.A., Alfabetizadora
Rosemount-Apple Valley-Eagan (Minnesota) School District

Dirección editorial: Carol Jones
Dirección ejecutiva: Catherine Neitge
Dirección creativa: Keith Griffin
Redacción: Jacqueline A. Wolfe
Asesoría narrativa: Terry Flaherty
Diseño: Joe Anderson
Composición: Picture Window Books
Las ilustraciones de este libro se crearon con acrílico.
Traducción y composición: Spanish Educational Publishing, Ltd.
Coordinación de la edición en español: Jennifer Gillis/Haw River Editorial

Picture Window Books
5115 Excelsior Boulevard
Suite 232
Minneapolis, MN 55416
877-845-8392
www.picturewindowbooks.com

Impreso en los Estados Unidos de América.

 Todos los libros de Picture Windows
se elaboran con papel que contiene por
lo menos 10% de residuo post-consumidor.

Library of Congress Cataloging-in-Publication Data
Small, Mary.
[Being a good citizen. Spanish]
Ser buenos ciudadanos : un libro sobre el civismo / por Mary Small ;
ilustrado por Stacey Previn ; traducción, Patricia Abello.
p. cm. – (Así somos)
Includes index.
ISBN-13: 978-1-4048-3844-4 (library binding)
ISBN-10: 1-4048-3844-9 (library binding)
1. Citizenship–Juvenile literature. I. Previn, Stacey. II. Title.
JF801.S54818 2007
323.6'5–dc22   2007017460

Vivir en un país es como ser parte de un gran club al que vamos todos los días. Para que el club tenga éxito, todos debemos hacer algo. Ser buenos ciudadanos es ayudar a que el país sea cada vez mejor.

Hay muchos modos de ser buenos ciudadanos.

José participa en una campaña para limpiar los lagos.

Así muestra que es buen ciudadano.

Kelly limpia la acera de su vecina cuando nieva.

Así muestra que es buena ciudadana.

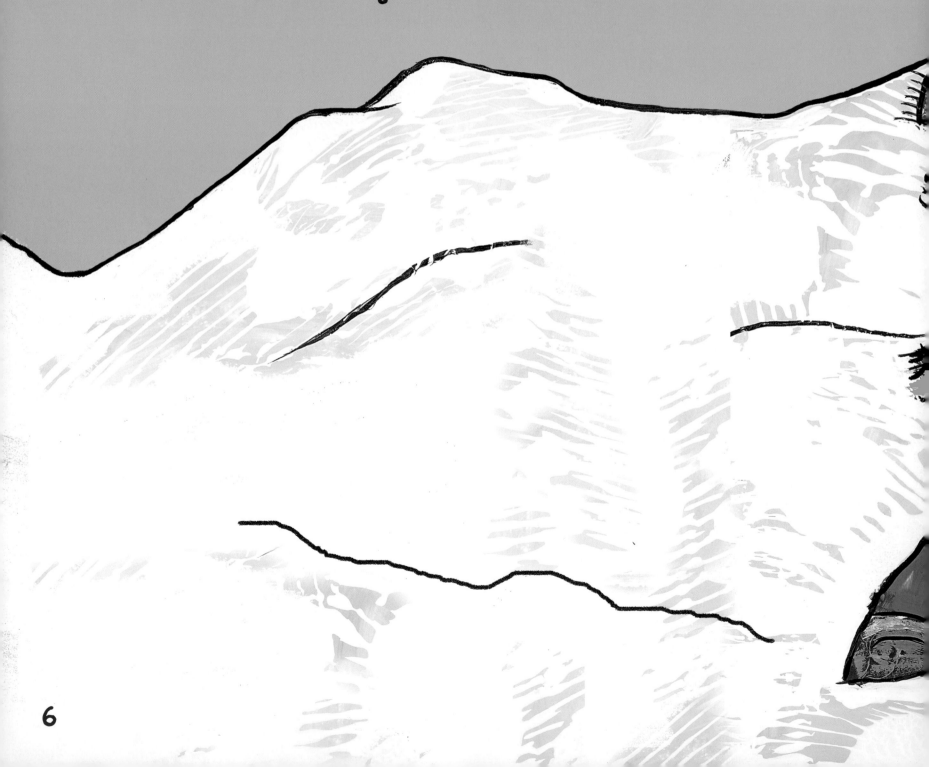

Los niños del vecindario llegan a saludar a la nueva familia.

Así muestran que son buenos ciudadanos.

Si se riega agua en la cancha, Mary la seca para que nadie se resbale.

Así muestra que es buena ciudadana.

Silvia recoge la basura del suelo aunque ella no la botó.

Así muestra que es buena ciudadana.

Es importante votar en las elecciones. Jimmy despierta a sus padres para que vayan a votar.

Así muestra que es buen ciudadano.

La Sra. Torres y sus alumnos estudian la historia del país.

Así muestran que son buenos ciudadanos.

Juana dirige el tráfico para que todos crucen sin peligro.

Así muestra que es buena ciudadana.

José protege a los indefensos.

Así muestra que es buen ciudadano.

La Sra. Martín y Samantha siembran flores para que el vecindario se vea lindo.

Así muestran que son buenas ciudadanas.

Aprende más

En la biblioteca

Jordan, Denise. *Escuchamos*. Chicago: Heinemann Library, 2004.

Jordan, Denise. *Es tu turno*. Chicago: Heinemann Library, 2003.

Muñoz Ryan, Pam. *La bandera que amamos*. Watertown, Mass.: Charlesbridge Publishing, 2002.

En la red

FactHound ofrece un medio divertido y confiable de buscar portales de la red relacionados con este libro. Nuestros expertos investigan todos los portales que listamos en FactHound.

1. Visite www.facthound.com
2. Escriba código: 1404810501
3. Oprima el botón FETCH IT.

FactHound, su buscador de confianza, le dará una lista de los mejores portales!

Índice

Busca todos los libros de la serie ¡Así somos!:

Ser buenos ciudadanos: Un libro sobre el civismo

Ser confiables: Un libro sobre la confianza

Ser considerados: Un libro sobre la consideración

Ser justos: Un libro sobre la justicia

Ser respetuosos: Un libro sobre el respeto

Ser responsables: un libro sobre la responsabilidad